300 citations inspirantes pour ronronner de bonheur

miaou
& moi

300 citations inspirantes pour ronronner de bonheur

EDITIONS PRISMA

Éditions Prisma
Directeur : Pierre-Olivier Bonfillon
Directrice éditoriale : Françoise Kerlo
Responsable d'édition : Laura Stioui
Chargée d'édition : Marie Ranson, assistée de Loriane Pak-Bishop
Chefs de fabrication : Anne-Kathrin Fischer, Jérôme Brotons

Sélection des citations : Isabelle Collin
Édition et correction : Sabine Kuentz

Direction artistique et réalisation :
Marina Delranc et Titaïna Crozzoli

Dépôt légal : novembre 2020
ISBN : 978-2-8104-2992-9
Imprimé en Slovénie par GPS Group

FSC
www.fsc.org
MIXTE
Papier issu de sources responsables
FSC® C118234

« Le meilleur
thérapeute
a de la fourrure
et quatre pattes. »

Anonyme

Sommaire

« Un chat, j'en suis convaincu,
pourrait marcher sur un nuage. »

Jules Verne

I

Chat beauté

Ô délectable douceur féline !

« Les amoureux fervents
et les savants austères
Aiment également,
dans leur mûre saison,
Les chats puissants et doux,
orgueil de la maison... »

Charles Baudelaire

« Le chat est un symbole si parfait de beauté et de supériorité qu'il ne semble guère possible pour un véritable esthète et un cynique civilisé de faire autre chose que de l'adorer. »

H. P. Lovecraft

« Les gens qui aiment
les chats [...] rêvent
d'un monde tranquille
et doux où tous vivraient
harmonieusement. »

Anny Duperey

« Le chat me pacifie.
Il me donne le sens du temps. »

Arielle Dombasle

« L'attitude nonchalante du chat,
sa faculté à profiter pleinement
de chaque instant, de chaque rayon
de soleil, de chaque froissement
de feuille dans un arbre, ont un effet
indéniable sur les personnes qui
s'arrêtent un instant pour contempler
ses séances de relaxation divines. »

Corinne Lesaine

« Le chat amène
la sécurité parce
qu'il est doux
et apaisant, parce
qu'il n'est qu'amour. »

Michèle Bourton

« *Le simple fait
d'observer mes chats
peut me rendre heureuse.* »

Paula Cole

« Il y a deux moyens d'oublier les tracas de la vie : la musique et les chats. »

Albert Schweitzer

« Ce qui est merveilleux avec un chat, c'est qu'il n'y a rien à faire quand il vient vers vous, qu'à le regarder. »

Anny Duperey

« Si le poisson concrétise le mouvement de l'eau, lui donne forme, alors le chat est un diagramme d'air subtil. »

Doris Lessing

« Les chats sont des êtres faits pour emmagasiner la caresse. »

Stéphane Mallarmé

« Les chats,
quand ils rêvent,
c'est tout leur corps qui chasse. »

Claudie Gallay

« Les chats apaisent l'âme. »

Gerhard Olsen

« L'idéal du calme est dans un chat assis. »

Jules Renard

« Dieu a créé le chat pour procurer à l'homme la joie de caresser le tigre. »

Joseph Méry

« *Un miaulement est comparable à un massage du cœur.* »

Anonyme

« Le chat est beau ; il révèle des idées
de luxe, de propreté, de volupté…
Chat séraphique, chat étrange,
en qui tout est, comme en un ange,
aussi subtil qu'harmonieux. »

Charles Baudelaire

« Rien n'est plus doux, rien ne donne à la peau une sensation plus délicate, plus raffinée, plus rare que la robe tiède et vibrante d'un chat. »

Guy de Maupassant

« Dans ma cervelle se promène,
Ainsi qu'en son appartement,
Un beau chat, fort, doux et charmant.
Quand il miaule, on l'entend à peine... »

Charles Baudelaire

« Un chat fait qu'une maison est un foyer. »

Patricia Highsmith

Chat beauté

« Le chat est profondément chat. C'est sa beauté. »

Didier Hallépée

« L'élégance regarda la femme et,
après l'avoir adorée,
voulut la surpasser.
Elle y parvint en prenant lignes,
chevelure et yeux de verre,
en devenant chat,
l'être le plus beau... »

Guillaume d'Aquitaine

« Mon chat, hôte sacré de ma vieille maison,
De ton dos élastique arrondis la souplesse,
Viens te pelotonner sur mes genoux et laisse
Que je plonge mes doigts dans ta chaude toison. »

Jules Lemaître

« La littérature est du côté des chats. »

Bernard Pivot

« Baudelaire adorait les chats [...]. Il recherchait leurs caresses tendres, délicates, féminines. Il aimait ces charmantes bêtes tranquilles, mystérieuses et douces, aux frissonnements électriques... »

Théophile Gautier

« J'ai mon chat préféré,
qui est mon presse-papiers,
sur mon bureau pendant que j'écris. »

Ray Bradbury

« C'est l'heure habituelle du réveil de mon chat. Accroupi au pied du lit, à la place qu'occupent les chiens sur les monuments consacrés aux preux, le chat est la plus exacte des horloges. »

Champfleury

« *Le paradis jamais paradis ne sera*
Si je ne dois y être accueilli
par mes chats. »

Anonyme

« Si vous voulez peindre les hommes, observez d'abord les chats. »

Aldous Huxley

« Dès que je suis prêt à travailler,
le chat saute du bureau et s'installe
sur ma feuille blanche.
Vous me demandez comment j'écris ?
En fait, *j'écris autour du chat.* »

André Malraux

« C'est un petit chat noir effronté comme un page. Je le laisse jouer sur ma table, souvent. Quelquefois il s'assied sans faire de tapage : on dirait un joli presse-papier vivant. »

Edmond Rostand

« Un écrivain sans chat
est inconcevable.
C'est vraiment une pratique
perverse, car il est plus facile
d'écrire avec un troupeau de bisons
dans la pièce qu'avec même un seul
chat, ils font leur nid dans les notes
et mordent l'extrémité du stylo
et marchent sur les touches
de la machine à écrire. »

Barbara Holland

« Le chat est sans conteste
le plus fascinant des animaux,
et je ne dis pas ça parce
que je suis un chat.
Je dis ça parce que je suis le
plus fascinant des animaux. »

Philippe Geluck

« Autrefois, les chats étaient
vénérés comme des dieux.
Ils ne l'ont jamais oublié. »

Anonyme

« Au commencement, Dieu créa le chat à son image. Et, bien entendu, il trouva que c'était bien. Et c'était bien, d'ailleurs. Mais le chat était paresseux. Il ne voulait rien faire. Alors, plus tard, après quelques millénaires, Dieu créa l'homme. Uniquement dans le but de servir le chat. »

Jacques Sternberg

« Qu'est-ce que le chat ? s'écriait-il. C'est un correctif. Le Bon Dieu, ayant fait la souris, a dit : Tiens ! j'ai fait une bêtise. Et il a fait le chat. Le chat, c'est l'*erratum* de la souris. La souris, plus le chat, c'est l'épreuve revue et corrigée de la Création. »

Victor Hugo

« Ma chatte est délicate,
sérieuse et sage. C'est une fille.
C'est vrai, les filles,
elles sont comme ça. »

Bruno Todeschini

« Chatte blanche, chatte sans tache,
Je te demande, dans ces vers,
Quel secret dort dans tes yeux verts,
Quel sarcasme sous ta moustache. »

Charles Cros

« On a remarqué que de tous les animaux, les femmes, les mouches et les chats sont ceux qui passent le plus de temps à leur toilette. »

Charles Nodier

« Le plus beau privilège des chattes
est de se sauver avec la grâce qui vous
caractérise, et d'aller, on ne sait où,
faire leurs petites toilettes.
Vous ne vous montrerez ainsi aux regards
que dans votre beauté. »

Honoré de Balzac

« Les chattes (Alice en avait
déjà fait la remarque)
ont une très mauvaise habitude ;
quoi qu'on leur dise, elles ronronnent
toujours pour vous répondre. »

Lewis Carroll

« Le chat est un dilettante en fourrure. »

Théophile Gautier

« Don Pierrot, comme tous les animaux dont on s'occupe et que l'on gâte, devint d'une amabilité charmante. Il participait à la vie de la maison avec ce bonheur que les chats trouvent dans l'intimité du foyer. Assis à sa place habituelle, tout près du feu, il avait vraiment l'air de comprendre les conversations et de s'y intéresser. »

Théophile Gautier

« Un chat perd ses poils, pas ses manières. »

Proverbe néerlandais

« Les chats dans l'ensemble n'ont pas perdu leurs grands airs hérités de l'époque où ils étaient adorés comme des dieux dans l'Égypte antique. »

P. G. Wodehouse

« Les danseurs, en général, sont très proches des chats. J'en connais peu qui ne les aiment pas.
Les chats les aiment aussi.
Ils doivent avoir la même sensibilité, la même approche du beau, du mouvement souple, des gestes déliés. »

Maurice Béjart

« Le chat se roulait sur mes genoux, sur le dos, les pattes en l'air, ouvrant et fermant ses griffes, montrant sous ses lèvres ses crocs pointus et ses yeux verts dans la fente presque close de ses paupières.
Je caressais et je maniais la bête molle et nerveuse, souple comme une étoffe de soie, douce, chaude, délicieuse et dangereuse. »

Guy de Maupassant

« Prenez deux Chats, l'un vivant dans quelque logis de grande dame ou de poète, sur les moelleux tapis, sur les divans de soie et les coussins armoriés, l'autre étendu sur le carreau rougi, dans un logis de vieille fille pauvre, ou pelotonné dans une loge de portière, eh bien ! tous deux auront au même degré la noblesse, le respect de soi-même, l'élégance à laquelle le Chat ne peut renoncer sans mourir. »

Théodore de Banville

« Les chats, mystérieux et délicats, n'obéissant plus même au Bon Dieu qui en sourit, s'amusent d'un bout de ficelle, qu'ils remuent, d'une patte légère, avec le sentiment d'une importance qu'ils ne veulent pas expliquer. »

Francis Jammes

« Les chats sont de grands bourgeois, des sortes d'aristocrates en panne de châteaux de famille, en manque de domaine. Leur race, quelque part – et cela remonte à la nuit des temps – a dû subir des revers de fortune. »

Jacques Lanzmann

« Un petit chat bien élevé ne doit pas jouer avec une souris qui ne lui a pas été présentée. »

Jacques Prévert

« Et, dans mon calme coin de vieux célibataire,

Toujours les chats prudents, les chats silencieux

promènent leur beauté, leur grâce et leur mystère. »

François Coppée

« Le ronronnement
est le sourire du chat. »

Hector Bianciotti

II

Chat me berce...

Ronrons et bonnes ondes

« La vibration continue que le corps du chat émet se transmet à votre squelette et agit sur lui à la manière d'un pansement fait d'ondes qui vont apaiser tous les muscles s'y rattachant, remettre au bon voltage chaque nerf ou terminaison nerveuse. L'apaisement vous gagne... »

Gilles Diederichs

« Le ronronnement est un puissant antistress,
un régulateur de la tension artérielle,
un booster des défenses immunitaires
et un soutien psychomoteur. »

Véronique Aïache

« En ronronnant,
le chat se livre
corps et âme. »

Jean-Louis Hue

« J'aime les chats, ces animaux de l'ombre qui viennent se blottir près du cœur et qui ronronnent des histoires que peu d'humains comprennent. »

Jean Markale

« Nous avons tous au fond du cœur, de l'âme ou des tripes un chat emblématique, qui ronronne. »

Anne-Claire Gagnon

« Posez la main sur la gorge de votre chat lorsqu'il ronronne, les yeux fermés, complètement détendu. Vous sentirez alors une sorte de tremblement dans votre poitrail. »

Yoshiko Katô

« Le ronronnement [du chat] semble être [...] un dispositif de soupape de sécurité automatique pour traiter un bonheur trop plein. »

Monica Edwards

« Après des lésions et des fractures, les chats ont cinq fois moins de séquelles que les chiens, et retrouvent la forme trois fois plus vite. D'où l'hypothèse d'une authentique action réparatrice du ronronnement : en émettant ce son, les chats résistent mieux aux situations dangereuses. »

Jean-Yves Gauchet

« Quand je ne vais pas bien,
je plonge ma tête dans mon chat
et je l'écoute ronronner. »

Solène Chavanne

« Le fait même d'être attentif
au chat qui vient à nos côtés
nous apaise et nous permet de
moins focaliser sur notre douleur. »

Anne-Claire Gagnon

« *La simple présence d'un chat
dans une maison change l'énergie
de la maison et la nature
de ses habitants.* »

Laetita Barlerin

« Un chat soucieux de vous accueillir dignement est capable de ronronner avec une telle intensité que vous ne pouvez vous empêcher d'éclater de rire de joie. »

Anonyme

« Question confort, les chats sont de fins connaisseurs. »

James Herriot

« Le chat va vous apprendre comment résister au stress. »

Stéphane Garnier

« Les apparitions du chat sont brèves mais totalement impliquées. Il ronronne longuement à vos côtés, non sans tendresse bien sûr, mais surtout d'une façon quasi médicale. »

———

Gilles Diederichs

« Il y a quelque chose à propos de la présence d'un chat... ça semble apaiser la solitude. »

———

Louis J. Camuti

« Les chats absorbent,
sans en souffrir, les ondes
négatives pour les humains. »

———

Joël Dehasse

« Le chat peut être
pardonné de tout
s'il ronronne. »

———

Donna McCrohan

« Les chats se plaisent dans le silence,
l'ordre et la quiétude »

———

Théophile Gautier

« Vous ne pouvez
regarder un chat endormi
et être tendu. »

Jane Pauley

« La présence
d'un chat améliore
l'humeur des gens. »

Isabelle Taubes

« Une maison sans chat, sans chat bien nourri [...], est peut-être une bonne maison, mais comment peut-elle le prouver ? »

Mark Twain

« Petit à petit, les chats deviennent l'âme de la maison. »

Jean Cocteau

« Je pense que le chat est nécessaire
à un intérieur. Il le complète.
C'est lui qui polit les meubles,
arrondit les angles, lui qui donne
à l'appartement du mystérieux.
Il est bien le dernier bibelot,
le couronnement suprême. »

Stéphane Mallarmé

« Le chat [...] n'est pas de ce monde.
Il a l'énorme prestige d'avoir été Dieu.
Avez-vous remarqué quand il nous regarde
en sommeillant ?
Il semble nous dire : la vie est une succession
De rythmes sexuels. La lumière a un sexe,
L'étoile a un sexe, la fleur a un sexe.
Et il regarde répandant son âme verte dans l'ombre. »

Federico Garcia Lorca

« Chat : un lion pygmée qui aime les souris, déteste les chiens et fréquente les êtres humains. »

Oliver Herford

« L'ordinateur et le chat ont de nombreux points communs : tous deux aiment ronronner, être caressés et ne pas bouger d'un poil la majeure partie de la journée. Ils détiennent également des secrets qu'ils ne partagent pas volontiers. »

John Updike

« Un écrivain n'est jamais seul
avec un chat, tout en étant
suffisamment seul
pour pouvoir travailler.
Qui plus est, qu'il déambule
ou qu'il dorme, un chat
est une œuvre d'art vivante,
en perpétuelle métamorphose. »

Patricia Highsmith

« Une des expressions du bonheur du chat, c'est la sieste. »

Cleveland Amory

« J'aime le lit, c'est le seul endroit où, comme le chat, je puis faire le mort en respirant tout en étant vivant. »

Arthur Cravan

« Les chats bâillent parce qu'ils se rendent compte qu'il n'y a rien à faire. »

Jack Kerouac

« Un chat, ça donne pas envie d'aller bosser. »

Jean-Marie Gourio

« La plupart des lits
peuvent accueillir jusqu'à six chats
– dix sans leur propriétaire. »

Stephen Baker

« Les chats sont plutôt des créatures délicates
et sont sujets à bon nombre de maux,
mais je n'ai jamais entendu dire qu'ils souffraient
d'insomnie. »

Joseph Wood Krutch

« Le chat sait trouver où est l'énergie. Dès qu'il y a un peu de lumière, de soleil, de chaleur humaine même, il y va. Les chats sont des capteurs d'énergie terribles, c'est évident. »

Édouard Boubat

« Mais les chats
sont toujours bien élevés
Et s'appliquent, graves,
à s'allonger dans le soleil.
L'homme est méprisable
(disent-ils), la mort
Arrive tôt ou tard.
Jouissons de la chaleur ! »

Federico García Lorca

« Le chat ouvrit les yeux,
Le soleil y entra.
Le chat ferma les yeux,
Le soleil y resta. »

Maurice Carême

« Si vous saviez ce qu'il y a
Dans l'œil sans fond
d'un petit chat,
Qu'il soit jaune, vert ou lilas
Vrai, vous n'en reviendrez pas ! »

Marc Alyn

« Les chats naissent avec les yeux fermés. Ils les ouvrent à environ six jours, regardent autour d'eux, puis les referment pour une grande partie de leur vie. »

Stephen Baker

« Il me semble impossible
d'imaginer un village,
un village méridional et
méditerranéen de surcroît,
sans la présence de chats
qui y rôdent et s'y prélassent. »

———

Frédéric Vitoux

« Chat câlin,
maître
serein,
Chat lointain,
maître
chagrin. »

Didier Hallépée

« J'aime dans le chat ce caractère indépendant et presque ingrat qui le fait ne s'attacher à personne [...]. On le caresse, il fait le gros dos, mais c'est un plaisir physique qu'il éprouve et non, comme le chien, une niaise satisfaction d'aimer et d'être fidèle à son maître, qui le remercie à coups de pied. »

François-René de Chateaubriand

« Les chats semblent avoir pour principe que ça ne peut pas faire de mal de demander ce qu'on veut. »

Joseph Wood Krutch

« Quelquefois, posé devant vous, [le chat] vous regarde avec des yeux si fondus, si moelleux, si caressants et si humains, qu'on en est presque effrayé ; car il est impossible de supposer que la pensée en soit absente. »

Théophile Gautier

« Tous les chats de Paris
sont sur les toits de Paris. [...]
Toute la gamme des chats,
chats splendides et chats misérables,
chats de cordes et chats d'anges,
grand vol de chats ailés posés
sur Paris par la lune. »

Joseph Delteil

« Paris honore les chats ; cette race féline, la plus nerveuse du globe, si puissamment vitale, électrique, capricieuse et inspirée, organisée pour jouir et souffrir au paroxysme, féminine avant tout, avec la grâce des femmes, leur ressort formidable et leur inouïe résistance à la mort. »

Paul Morand

« Sur ses lèvres closes
le chat a laissé
S'assoupir le printemps. »

Jang-Hi Lee

« Un chat qui dort vingt heures
sur vingt-quatre, c'est peut-être
ce que Dieu a fait de plus réussi. »

Jules Renard

« On dit :
"La nuit,
tous les chats sont gris."
Faux : la nuit,
tous les chats dorment. »

Patrick Timsit

« Quand il est heureux de me voir, mon chat me fracasse le visage à plusieurs reprises et ronronne comme un cochon. »

Kate McKinnon

« Dès qu'on a commencé à caresser le dos d'un chat, on n'a plus le droit de s'arrêter. »

Witold Gombrowicz

« Quand je réveille mon chat, il a l'air reconnaissant de celui à qui l'on donne l'occasion de se rendormir. »

Yvan Audouard

« Le chat ronronne
le présent.
Le chat est toujours
dans aujourd'hui.
Le chat mijote
et ne bout jamais.
Le chat est un animal
concentré, un poêle
à combustion lente. »

Paul Morand

« À se nettoyer sans cesse,
le chat est le seul animal
qui soit propre et donc digne
d'être caressé. »

Louis Pasteur

« Baigner un chat requiert
de la force à l'état pur,
de la persévérance, le courage
de ses opinions – et un chat. »

Stephen Baker

« Les chatons sont si souples qu'ils sont presque doubles : la partie arrière de leur corps est l'équivalent d'un autre chaton qui joue avec la partie avant. Ce n'est que lorsqu'on leur marche sur la queue qu'ils se rendent compte qu'elle leur appartient. »

Henry David Thoreau

« Un chat "verse" son corps sur le sol comme de l'eau. C'est reposant à voir. »

William Lyon Phelps

« Vous direz, un chat c'est une peau !
Pas du tout !
Un chat c'est l'ensorcellement même,
le tact en ondes. »

Louis-Ferdinand Céline

« Autour de chaque chaton
semblait flotter une poussière
de pollen, une petite clarté blonde
que le soleil ne faisait point pâlir. »

Maurice Genevoix

« Les chats craignent l'eau,
c'est pourquoi ils préfèrent
prendre des bains de soleil. »

Stéphane Caron

« Le chat, une sentinelle de l'invisible. »

René de Obaldia

« L’appareil auditif des chats est conçu
pour que la voix humaine
entre par une oreille
et ressorte par l’autre. »

Stephen Baker

III

Chat me fait rire !

Humour et taquineries

« Si les chats étaient plus sympas avec les souris, les souris n'auraient plus peur des chats. Et ce serait vachement plus facile de les attraper. »

Philippe Geluck

« Le chat mangerait bien du poisson, mais ne veut pas se mouiller les pattes. »

Proverbe finnois

« Tu peux entraîner un chat à rapporter un bâton, mais c'est plus rapide d'entraîner le bâton. »

Pierre Légaré

« Il ne faut pas réveiller le chat qui dort : il vous demandera à bouffer. »

Pierre Perret

« Ne demande jamais à un chat de garder ton aquarium. »

Proverbe africain

« Si un chien saute sur vos genoux, c'est qu'il vous aime ; mais si un chat fait la même chose, c'est que vos genoux sont plus chauds. »

Alfred North Whitehead

« Quand votre chien saute sur votre lit, c'est qu'il adore votre compagnie. Quand votre chat saute sur votre lit, c'est qu'il adore votre lit. »

Alisha Everett

« C'est une tradition chez les chiens : matin et soir nous remercions le ciel de ne pas être des chats. »

Walt Handelsman

Chat me fait rire !

« Le chat semble mettre un point d'honneur à ne servir à rien, ce qui ne l'empêche pas de revendiquer au foyer une place meilleure que celle du chien. Il est un ornement, un luxe. »

Michel Tournier

« Je lui ai dit une fois :
“Salut à toi, le chat” et puis
j’ai eu honte de lui avoir donné
du “tu”. »

Giorgio Manganelli

« Le chat
ne nous caresse pas,
il se caresse à nous. »

Antoine de Rivarol

« Quand mes chats ne sont pas heureux, je ne suis pas heureux. Non pas parce que je me soucie de leur humeur, mais parce que je sais qu'ils sont assis là à réfléchir à des moyens de se venger. »

Percy Shelley

« *Le chat pourrait très bien être le meilleur ami de l'homme, mais il ne daignerait jamais le reconnaître.* »

Doug Larson

« On peut donner un ordre à un chien. À un chat, on peut à la rigueur faire une proposition raisonnable. »

Michael Stevens

« Il y a des chats toujours au guet, malicieux et infidèles, et qui font patte de velours. »

François de La Rochefoucauld

« Les chats n'ont pas l'air humain. Certaines personnes, en regardant un chat, disent : "Il ne lui manque que la parole." Je n'ai pas ce sentiment. Quand on les dessine et qu'on les regarde vraiment, sans passer par le symbole ou le "mignon", on voit qu'ils ont des têtes extrêmement bizarres. »

———

Joann Sfar

« Le problème avec les chats est qu'ils ont exactement le même regard, qu'ils voient un papillon de nuit ou un meurtrier avec une hache. »

———

Paula Poundstone

« N'appelle pas le chat pour mettre d'accord deux oiseaux qui se battent. »

———

Proverbe indien

« Les gens
qui détestent les chats
renaîtront dans une vie
future sous la forme
d'une souris. »

Faith Resnick

« Les chats sont la preuve que tout
n'a pas un sens dans la nature. »

Garrison Keilor

« Il se prend pour un chat quand ça l'arrange, pour un chien lorsqu'il garde la maison, pour un humain quand il ne veut pas se faire oublier et pour un renard lorsqu'il vole un poulet. »

Catherine Laborde

« Peu importe que le chat soit noir ou gris, pourvu qu'il attrape les souris. »

Deng Xiaoping

« Ce ne sont pas les puces des chiens qui font miauler les chats. »

Proverbe chinois

« Il est difficile d'attraper un chat noir dans une pièce sombre, surtout lorsqu'il n'y est pas. »

Proverbe chinois

« Pour garder une bonne perspective de sa propre importance, chaque personne devrait avoir un chien qui l'adore et un chat qui l'ignore. »

Dereke Bruce

« Un chat ne voit pas quelle raison il aurait d'obéir à un autre animal, fût-il sur deux pattes. »

Sarah Thompson

« Les chats aiment
que les portes restent
ouvertes, au cas où
ils changeraient d'avis. »

Rosemary Nisbet

« Les hommes sont comme les chiens,
ils viennent quand on les appelle.
Les femmes sont comme les chats,
il suffit de les appeler pour qu'elles s'en aillent. »

Michel Galabru

« La plupart des chats, lorsqu'ils sont dehors, ont envie de rentrer et vice versa. Souvent les deux simultanément. »

Louis J. Camuti

« Les chats voient clair la nuit, mais ça ne leur sert à rien. Les chattes voient clair aussi. »

François Cavanna

« Quand le baromètre se passe la patte derrière l'oreille, c'est que le chat est à la pluie. »

Léo Campion

Chat me fait rire !

« Quel plus beau cadeau
que l'amour d'un chat ? »

Charles Dickens

IV

Chat bada bada...

Amour et complicité avec mon chat

« Viens, mon beau chat,
  sur mon cœur amoureux,
Retiens les griffes de ta patte,
Et laisse-moi plonger
  dans tes beaux yeux,
Mêlés de métal et d'agate. »

Charles Baudelaire

« Un arrangement heureux :
beaucoup de gens préfèrent
les chats aux humains,
et beaucoup de chats préfèrent
les gens aux autres chats. »

Mason Cooley

« Elle jouait avec sa chatte,
Et c'était merveille de voir
La main blanche et la blanche patte
S'ébattre dans l'ombre du soir. »

Paul Verlaine

« J'ai une adorable maîtresse toute blanche et qui s'appelle Neige. C'est une chatte de race, jolie, et que j'embrasse tout le jour sur son nez rose. »

Stéphane Mallarmé

« Mon chat, c'est la moitié de mon âme. »

Guy Féquant

« Le chien est fidèle par nature, le chat par amour. »

Anonyme

Chat bada bada...

« On ne choisit jamais un chat : c'est lui qui vous choisit. »

Philippe Ragueneau

« On ne possède pas un chat, c'est lui qui vous possède. »

Françoise Giroud

« Quand je ne suis pas bien,
tout ce dont j'ai besoin,
c'est d'observer mes chats,
et mon courage me revient. »

Anonyme

« Lorsque vous êtes spécial pour un chat,
vous êtes vraiment spécial, il vous fait le cadeau
de son affection pour vous, pour votre voix,
pour votre main. »

Lester B. Pearson

« Cela peut paraître étrange,
mais mon chat, ce petit être gris,
apaise ma tristesse même si,
en jouant, il mélange mes papiers
ou salit ma table avec ses pattes sales. »

Olivier Rolin

« Il y a peu
de choses
dans la vie plus
réconfortantes
que d'être
accueilli
par un chat. »

Tay Hohoff

« Mon chat est le seul être vivant à qui je suis capable de dire "je t'aime". »

Stanislas Merhar

« La seule personne qui me comprenne sur cette terre, c'est mon chat. »

Diane Gontier

« Le chat tient compagnie, apaise, rassure, il est un confident qui ne juge pas. »

Laetitia Barlerin

« Si vous êtes triste,
mal à l'aise, en perdition
intérieure, le chat
le perçoit tout de suite.
Il abandonne alors
son statut de "doudou
peluche" pour intervenir
en tant que soignant. »

Gilles Diederichs

« On ne peut se fier à personne. Les chats, c'est autre chose. Une fois qu'ils t'acceptent dans leur vie, c'est pour toujours. »

André Brink

« Avec les chats comme avec tous les êtres qu'on aime, c'est souvent à la vie à la mort. »

Anne-Claire Gagnon

« Je passe beaucoup de temps
à vivre seule – surtout dans les hôtels –
et je prends des chats quand
je me sens particulièrement seule. »

Penélope Cruz

« Le chat est
une source intarissable
de joie et d'affection. »

Pauline Bonnet

« Les chats laissent
leurs empreintes de velours
dans notre cœur. »

Anonyme

« Conquérir l'amitié d'un chat est chose difficile. [...] Mais une fois qu'il s'est donné à vous, quelle confiance absolue, quelle fidélité d'affection ! »

Théophile Gautier

« Quand je joue avec ma chatte,
qui sait si je ne suis pas son passe-temps
plutôt qu'elle n'est le mien ? Nous nous
taquinons réciproquement. »

Michel de Montaigne

« Mon Dieu ! J'ai déjà pas mal écrit sur les chats. Je puis écrire encore. J'en ai eu tant autour de moi. À aujourd'hui, pas loin de trois cents, je crois bien. Chacun avec sa physionomie, ses manières, son caractère particuliers. »

Paul Léautaud

« Je ramassai, pour la voir de près, la belle pelote de fourrure qui s'étalait si blanche sur ces tapis rouges. Je la pris à deux mains, bien entendu – avec ces égards particuliers auxquels je ne manque jamais vis-à-vis des chats et qui leur font tout de suite se dire : Voici un homme qui nous comprend, qui sait nous toucher, qui est de nos amis et aux caresses duquel on peut condescendre avec bienveillance. »

Pierre Loti

« Si ma maison brûle, entre Vélasquez et le chat, je n'hésite pas, je sauve le chat. »

Alberto Giacometti

« Cinq chats et une femme.
C'est tout ce dont j'ai besoin dans la vie. »

Alejandro Jodorowsky

« Si vous êtes digne de son affection, un chat deviendra votre ami mais jamais votre esclave. »

Théophile Gautier

« Animal béni, le chat est merveilleux,
il partage nos vies et nous rend plus heureux. »

Yves Macheteau

« [...] L'homme inventa des millions d'objets inutiles, généralement absurdes, tout cela pour produire, parallèlement, les quelques objets indispensables au bien-être du chat : le radiateur, le coussin, le bol, le plat à cuire, le pêcheur breton, le tapis, la moquette, le panier d'osier et aussi peut-être la radio puisque les chats aiment la musique. »

Jacques Sternberg

« Vers mes trente ans, lors du grand virage dans ma manière de vivre, la présence à mes côtés de Titi, mon premier chat de hasard, fut capitale pour moi. J'ose le dire et je n'aurai pas peur des grands mots : il fut le gardien de ma vérité intérieure. »

Anny Duperey

« Un chien, un chat, c'est un cœur avec du poil autour. »

Brigitte Bardot

« Le chat est avant tout un être animé, chargé d'affects et de symboles, un support de l'imaginaire humain. »

Laurence Bobis

« Il se sentait des envies de pleurer. Il n'aurait pas cru que l'absence du chat pourrait l'émouvoir, le désemparer à ce point. »

Georges Simenon

« Un chien est seulement un chien, alors qu'UN CHAT EST UN CHAT. »

T. S. Eliot

« Les chats sont les seuls êtres vivants à se savoir égaux aux hommes. Non pas supérieurs, comme le pensaient les anciens Égyptiens, ni inférieurs comme la plupart d'entre nous persistent à le croire. Juste égaux. »

Judy Gardiner

« Dans l'adversité, c'est à toi que je me fie
Ô mon beau chat, à tes yeux pleins de bonté ;
Il me semble avoir deux étoiles devant moi
Grâce auxquelles je retrouve le vent du nord
au milieu de la tempête. »

———

Torquato Tasso

« Devant eux, je vous mets au défi d'exercer une quelconque domination ou accès de supériorité. Ces petits félins malicieux connaissent toutes les ficelles pour nous faire plier en un temps record face à ce qu'ils exigent de nous ou pour exprimer leur mécontentement ! »

———

Pénélope Bonnaud

« Les chats sont des animaux très indépendants. Ils sont très sexy. Les chiens sont différents. Ils sont familiers. Ils sont obéissants. Vous appelez un chat, vous dites : “Chat, viens ici...” Il ne vient pas à moins que vous n’ayez quelque chose dans la main qui, selon lui, pourrait être de la nourriture. Ce sont des animaux très libres, et j’aime ça. »

Antonio Banderas

« Les chiens sont des paysans et des animaux de paysans, les chats sont des gentlemen et des animaux de gentlemen. »

H. P. Lovecraft

« La différence entre un chat et un chien ? Le chien pense : "Ils me nourrissent, ils me protègent, ils m'aiment, ils doivent être des dieux."
Le chat pense : "Ils me nourrissent, ils me protègent, ils m'aiment, je dois être Dieu." »

Ira Lewis

« J'aperçus alors, sans avoir l'air de le regarder, ce charmant Matou français : il était ébouriffé, petit, gaillard, et ne ressemblait en rien à un Chat anglais. Son air cavalier annonçait, autant que sa manière de secouer l'oreille, un drôle sans souci. »

Honoré de Balzac

« Alors une patte frêle se posa timidement sur moi
– Oh ! avec tant de délicatesse, tant de discrétion ! –
et après m'avoir longtemps encore consulté et prié du regard, la Moumoutte, croyant pouvoir brusquer les choses, sauta enfin sur mes genoux.
Elle s'y installa en rond, mais avec un tact, une réserve, se faisant toute légère, à peine appuyée, presque sans poids
– et me regardant toujours. »

Pierre Loti

« Pangur le blanc, mon chat, et moi,
Nous avons une tâche semblable.
La chasse aux souris est son délice,
À la chasse aux mots je me livre
toute la nuit. »

Anonyme (moine irlandais)

« J'ai pour compagnon un gros chat gris-roux à bandes noires transversales, né au Vatican dans la loge de Raphaël : Léon XII l'avait élevé dans un pan de robe où je l'avais vu avec envie lorsque le pontife me donnait mes audiences d'ambassadeur. »

François-René de Chateaubriand

« Je souhaite dans ma maison :
Une femme ayant sa raison,
Des amis en toute saison
Un chat passant parmi mes livres,
Sans lesquels je ne peux pas vivre. »

Guillaume Apollinaire

« J'aime dans le chat
ce caractère indépendant
et presque ingrat
qui le fait ne s'attacher
à personne et cette
indifférence avec laquelle
il passe des salons
à ses gouttières natales. »

François-René de Chateaubriand

« Le chat noir de la palissade
Promène son museau partout,
C'est un pirate en ambassade,
Le chat noir qui s'en vient chez nous. »

Henry Monnier

« On peut traiter un chat comme un prince pendant des semaines, se plier à ses moindres caprices, mais il s'en ira sans scrupules s'il a trouvé un endroit en bas de la rue où le poisson est plus fréquent. »

P. G. Wodehouse

« Après avoir grondé
son chat, on le regarde
dans les yeux,
et un méchant doute
s'insinue alors en nous :
celui qu'il ait compris
chaque mot et en ait
pris bonne note pour
s'en resservir un jour. »

Charlotte Gray

« J'ai remarqué que ce que les chats préfèrent dans l'être humain n'est pas son habilité à le nourrir, ce qu'ils trouvent normal – mais le fait qu'il soit distrayant. »

Geoffrey Household

« Un chien, on le possède – il est pour nous un esclave et est inférieur parce que nous le voulons. Mais un chat, on l'entretient – il occupe notre cœur en invité, en colocataire et en égal parce que c'est son souhait d'être là. Ce n'est pas un exploit d'être le maître, l'idole stupide, d'un chien dont l'instinct est de faire de vous son idole, mais c'est très valorisant d'être choisi comme ami et confident d'un chat. »

H. P. Lovecraft

« Vous ne pouvez pas partager votre vie
avec un chien, [...] ou avec un chat,
et ne pas savoir parfaitement
que les animaux ont des personnalités,
des esprits et des sentiments. »

Jane Goodall

« Jamais un chat ne vous fera le gros dos
avant de vous mordre ou de vous égratigner.
C'est une bête loyale comme toutes les bêtes
et nous lui devons nous aussi la franchise.
Je n'ai pas de secrets sentimentaux pour le cœur
de mon chat Toto, et lui n'en a pas pour moi.
Je ne puis pas dire qu'à ce sujet il m'ait jamais
trompé. »

Louis Pergaud

« Les chats
c'est comme
le papier,
ça se froisse
très vite. »

René de Obaldia

« Le chat n'offre pas de services. Le chat s'offre. Bien sûr, il veut des soins et un abri. Vous n'achetez pas l'amour pour rien. »

William S. Burroughs

« Le chat est un partenaire étonnant, qui prend des initiatives. Tout à coup il a un élan d'affection, on ne sait pas pourquoi, et juste après il a un coup de folie, on ne sait toujours pas pourquoi. Il vient au moment où on l'attend le moins pour lécher notre main ou pour "piétiner" comme pour nous dire : "Intéresse-toi à moi... Arrête ce que tu fais qui n'a aucun intérêt. Je suis l'être le plus important dans ta vie." »

Bernard Werber

« On ne connaît un chat tant qu'on ne lui a marché sur la queue. »

Proverbe breton

« Dans un monde de chats, tout appartient aux chats. »

Proverbe anglais

« Qui aime un chat aime tous les chats.
Qui aime son chien n'aime pas les autres. »

Roland Topor

« Méfiez-vous des gens qui n'aiment pas les chats. »

Proverbe irlandais

« Les chiens vous regardent tous avec vénération. Les chats vous toisent tous avec dédain. Il n'y a que les cochons qui vous considèrent comme leurs égaux. »

Winston Churchill

« Le temps passé avec les chats
n'est jamais gaspillé. »

Sigmund Freud

V

Chat va mieux !

Un peu de miaouthérapie dans la vie

« Le chat est un animal magique que l'on devrait délivrer sur ordonnance. »

Laetitia Barlerin

« L'arrivée d'un chat peut vous transformer à tout âge, parfois mieux qu'aucun humain n'en aurait rêvé. Les chats savent trouver la touche magique qui ouvre les cœurs qu'on croyait à jamais fermés. Les chats ne parlent pas mais ils façonnent notre vie. »

Anne-Claire Gagnon

« Avec un chat, on ne peut que proposer, on ne peut rien imposer. Ce n'est pas une relation dominant/dominé, mais un lien d'égal à égal. Le chat nous apprend donc le respect de l'autre. Les chats nous apprennent à être attentif, à accepter que l'autre n'ait pas envie, à accepter sa différence en quelque sorte... »

Anne-Claire Gagnon

« Un seul soupir du chat défait tous les nœuds invisibles de l'air. »

Christian Bobin

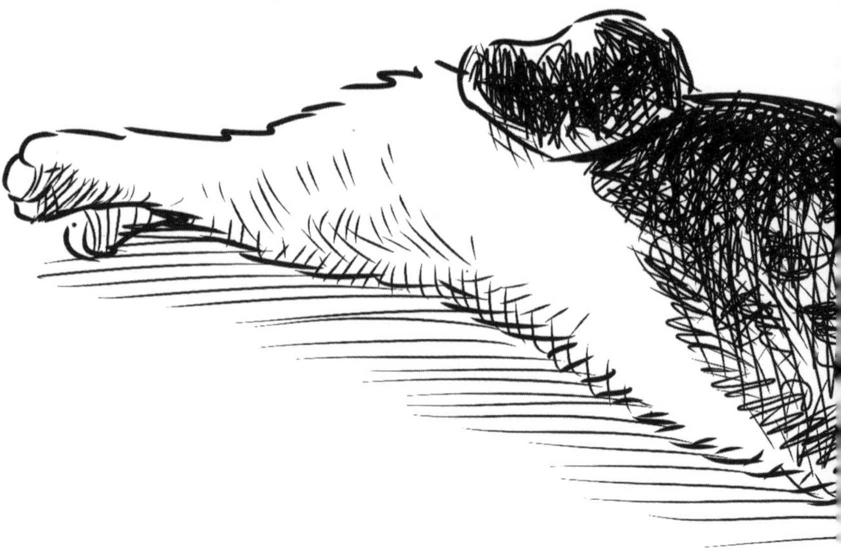

« Vivre avec un chat, c'est être. Vivre avec des chats, c'est renaître. »

Christina De Leu

« Le chat nous apprend l'humanité, les valeurs que l'on a perdues. L'homme compare, infirme, généralise, fait des analyses pour confectionner une pensée négative, alors qu'à travers le chat, il peut voir différemment. »

Dominique Camier

« Le chat nous fait nous sentir plus vivant et nous reconnecte avec la vraie vie. »

Anne-Claire Gagnon

« Le chat apaise le cœur.
Cependant, il n'endort pas.
Le chat n'est pas un être qui endort.
Je crois qu'il peut deviner une peine profonde, une angoisse, sans qu'on les lui dise. Quelles que soient ses particularités, il me semble l'être le plus proche de l'homme. »

Marcel Arland

« Le chat paraît capable de comprendre les problèmes des humains et de combler leurs vides affectifs. »

Isabelle Taubes

« Les gens qui aiment les chats sont ceux qui ont le plus gros cœur. »

Susan Easterly

Chat va mieux !

« En admettant même que l'univers ait été créé pour l'homme, plutôt que pour le Chat et les autres bêtes, ce qui me paraît fort contestable, nous devrions encore au Chat une grande reconnaissance, car tout ce qui fait la gloire, l'orgueil et le charme pénétrant de l'homme civilisé, il me paraît l'avoir servilement copié sur le Chat. »

Théodore de Banville

« L'homme, en un sens,
s'est vraiment civilisé quand
il a accepté le chat à ses côtés,
tel un libre compagnon, un associé,
et non pas un animal domestique
ou domestiqué, ce que celui-ci
n'a jamais voulu être. »

Frédéric Vitoux

« *L'homme a domestiqué
le chien, mais c'est le chat
qui a domestiqué l'homme.* »

Marcel Mauss

« La vie, c'est comme une course
en montagne, il y a des hauts et des bas.
Les chats sont nos marqueurs d'étapes,
qui nous aident à tourner les pages. Dans
un concentré d'énergie parfois troublant. »

Anne-Claire Gagnon

« La vie du chat contient une époque, concentre une parcelle de notre vie, elle est une sorte de mesure du temps et une mémoire, elle contient une expérience commune, un morceau de notre histoire, une parcelle de notre temps perdu. »

Karine Miermont

« Je sens que j'aurai toujours
une dette envers les chats.
Ils me donnent quelque chose.
Ils me donnent leur amitié.
Je suis reconnaissant
à ces bêtes de vouloir vivre
avec moi. »

Maurice Nadeau

« Avoir un chat ou un chien
ouvrira votre cœur. Lire un livre
ouvrira votre esprit. Avoir les deux…
c'est le bonheur absolu. »

Mark Rubinstein

« Rester tranquille et mettre toute notre énergie dans une seule action, nous recueillir quand il le faut, c'est la leçon des félins. Ce n'est pas de l'égoïsme, c'est une leçon de philosophie, l'animal est juste centré sur lui... On voit des êtres humains qui sont à côté de leur corps, à côté de leur esprit, de leur bonheur, alors que le chat est serein. Cela ne l'empêche pas d'avoir envie de nous aider et de nous soigner, voire de manifester des élans d'affection désintéressés. »

Bernard Werber

« Mon chat et moi, on se soigne ! »

Jean-Yves Gauchet

« À fréquenter les chats, on ne risque que de s'enrichir. »

Colette

« Les chats ont tendance à nous porter assistance, ils sont sensibles à nos douleurs et à nos états d'âme, notamment à la dépression. »

Anne-Claire Gagnon

« Avoir plusieurs chats, c'est bien. Si vous vous sentez mal, regardez simplement les chats, vous vous sentirez mieux, car ils savent que tout est comme cela doit être. Pas besoin de s'énerver. Ils savent. Ce sont des sauveurs »

Charles Bukowski

« *Moi, chat, je suis le petit ambassadeur du bien-être.* »

Anne-Solange Tardy

« La présence du chat est tellement douce qu'elle invite à la relaxation. De plus, visuellement, ce que dégage un chat est apaisant. C'est très régressif, un chat, quand il vient se blottir contre vous, c'est un petit peu la peluche que vous aviez petite, c'est doux, chaud, ça rassure, cela ne pèse pas lourd, cela ressuscite des souvenirs d'enfance, des moments partagés avec un objet de prédilection. Il n'y a pas que les ronronnements qui font du bien... »

Véronique Aïache

« Comme tous ceux qui ont déjà côtoyé un chat le savent, les chats ont une énorme patience avec les limites du genre humain. »

Cleveland Amory

« Le chien subit, le chat donne. Le chien est davantage dans la soumission et le sauvetage. Le chat avertit, et à nous, ensuite, de faire notre boulot. Il prévient, il nous donne les clés de ce que nous devons travailler, nous permet d'identifier ce qui ne va pas. Il pose un diagnostic différentiel. »

Dominique Camier

« Les chats, d'après ce que j'ai constaté, sont leur propres maîtres et ont leurs propres règles. Ils ne possèdent rien, mais ne doivent rien à personne. »

Kwong Kuen Shan

« Je ne suis pas un ami et je ne suis pas un serviteur. Je suis le chat qui va son chemin tout seul et je désire entrer dans votre grotte. »

Rudyard Kipling

« Les gens disent parfois qu'aux chats il ne manque que la parole. Pourquoi la parole serait-elle un apanage ? Je crois, au contraire, que c'est la qualité du silence qui importe chez le chat. Et le silence est une qualité de parole. »

Jean-Laurent Cochet

« Les chats ont d'autres idées que les chiens sur la vie et ils exercent leurs facultés différentes, différemment. »

Octave Mirbeau

« Le chat, cet immigré qui vous montre le chemin de la tolérance et de la compréhension. »

Robert de Laroche

« Appeler un chat un chat :
aide à favoriser l'épanouissement
personnel de l'animal.
Appeler un chat un chien peut
par contre lui minet le moral. »

Stéphane de Groot

« *Avant d'appeler un chat un chat, il faut demander au chat.* »

Ylipe

« Être chat, c'est le rêve.
Même moi qui suis moche, obèse, grognon, voleur et toujours en train de griffer, mes maîtres m'adorent. »

Remo Forlani

« Le bonheur, c'est comme un chat : si vous essayez de le cajoler, il vous fuit, si vous ne vous occupez pas de lui, il vient se frotter contre vos jambes et saute sur vos genoux. »

Robertson Davies

« Au commencement des temps, Dieu créa le chat pour apprendre aux hommes la sagesse. »

Proverbe arabe

« Ce chat, convenez-en, n'entre pas
tout à fait dans votre vie comme ferait,
par exemple, un jouet quelconque ;
tout en vous appartenant maintenant,
il reste un peu en dehors, et cela fait toujours :
la vie + un chat, ce qui donne, je vous assure,
une somme énorme. »

Rainer Maria Rilke

« S'inspirer du chat pour aller mieux,
c'est intégrer dans notre propre vie sa façon
d'appréhender l'existence. On a l'impression
quand on regarde un chat qu'il a tout compris.
Ce qui est fascinant. On le croit détaché,
indépendant, indifférent et c'est ce qui le rend
attachant. Il a le respect de lui-même
tout en étant généreux de sa personne. »

Véronique Aïache

« J'ai vécu avec plusieurs
maîtres zen – tous des chats. »

Eckhart Tolle

VI

Chat m'apaise...

Rimpo'chat, mon maître zen

« Il suffit de croiser
son regard avec celui
d'un chat pour mesurer
la profondeur des énigmes
que chaque paillette de
ses yeux pose aux braves
humains que nous sommes. »

Jacques Laurent

Chat m'apaise…

« Serait-ce par calcul
que depuis un demi-siècle
je recherche sa compagnie ?
À l'espèce chat, je suis
redevable... d'un grand empire
sur moi-même, d'une aversion
caractérisée pour les sons
brutaux et du besoin
de me taire longuement. »

Colette

« Au plus profond de nous, nous sommes tous motivés par les mêmes urgences. Les chats ont le courage de vivre sans s'en préoccuper. »

Jim Davis

« Tout ce que je sais, c'est mon chat qui me l'a appris : quand tu as faim, mange. Quand tu es fatigué, fais une sieste dans un rayon de soleil. »

Gary Smith

« *Le temps passé avec un chat n'est jamais perdu.* »

Colette

« Il y a quelque chose de si étonnant chez le chat. Il a atteint cette aisance suprême du bonheur à ne rien faire. Les hommes n'y arrivent pas.
Au bout d'un moment, ils sont obligés de gesticuler, de parler, d'organiser quelque chose. »

David Foenkinos

« Je suis convaincue que le meilleur coach de vie est le chat, je l'ai vu avec mon fils : mon chat l'a mieux éduqué que moi ! »

Anne-Claire Gagnon

« Le chat sait prendre le temps de vivre. »

Stéphane Garnier

« C'est la première fois que je regarde vivre un chat. Ils sont doués pour vivre dans l'instant et se concentrer totalement sur quelque chose qui bouge ou le bonheur d'être au soleil. Il me semble qu'on peut apprendre en les regardant vivre. »

Gérard Philipe

« Le chat nous rappelle la joie de l'être. »

Eckhart Tolle

Chat m'apaise…

« Les chats aiment la tranquillité, ils éduquent donc les enfants : si tu veux une caresse, il faut que tu sois calme. »

Laetitia Barlerin

« Le chat est un thérapeute à sa façon, il apprend à l'enfant à avoir confiance en lui et peut apaiser sa colère grâce à ses ronrons et à son calme olympien. »

Michèle Bourton

« Un chat aime son confort, sait comment faire baisser son stress, ne s'attache qu'à ce qui lui plaît. »

Isabelle Taubes

« Les enfants possédant un chat développent un plus grand sens des responsabilités. »

Corinne Lesaine

« Il n'y a pas une seule qualité du chat que l'homme ne devrait pas essayer d'imiter pour devenir meilleur. »

Anonyme

« Si l'on pouvait croiser
l'homme et le chat,
ça améliorerait l'homme,
mais ça dégraderait le chat. »

Mark Twain

« Pour que le chat
vous apporte tout
son bien-être et
son savoir, vous devez
à votre tour prendre
soin de lui. »

Gilles Diederichs

« On m'a dit que former un chat
était difficile. Ce n'est pas le cas.
Le mien m'a formé en deux jours. »

Bill Dana

« Le chat est pleinement dans le présent. Quand il mange, il mange, il ne va pas avoir les yeux sur son portable. Quand un chat joue, il joue… Quand il vous fait un câlin, il est vraiment là. Nous sommes toujours dans le “hier et le demain”, jamais dans le “maintenant”. Le chat m'a appris le “maintenant”; quand il ronronne contre moi, je lâche tout et je suis là vraiment. Le chat est au quotidien une leçon de bien-être. »

———

Véronique Aïache

« Les pattes de chat font oublier leur existence ; on n'a jamais entendu dire qu'elles aient fait du bruit par maladresse, où qu'elles aillent. Les chats se déplacent aussi silencieusement que s'ils foulaient de l'air ou que s'ils marchaient sur des nuages. Leur pas est doux comme le bruit d'un gong en pierre qu'on frappe dans l'eau, doux comme le son d'une harpe chinoise au fond de quelque caverne. Leur marche est parfaite comme l'intuition profonde et indescriptible des plus hautes vérités spirituelles. »

Natsume Sôseki

« *Les Chinois voient l'heure dans l'œil des chats.* »

Charles Baudelaire

« Si vous voulez rassurer votre chat, regardez-le, puis clignez des yeux très délibérément et très lentement. Comme ça. Le chat va aussi délibérément et lentement cligner des yeux en retour, et je peux presque vous garantir qu'il se mettra à ronronner. C'est un moyen de se réconforter. »

Walter Murch

« De tous les animaux,
seul le chat atteint
une vie contemplative. »

Andrew Lang

« J'aime beaucoup les chats.
J'ai toujours aimé les chats.
Ils sont d'agréable compagnie.
Quand ils mangent, ils en laissent
toujours un peu au fond du bol.
Un chien va polir le bol, mais un chat
en laisse toujours un peu.
C'est comme une offrande. »

Christopher Walken

« J'aime les chats, car ils sont majestueux. Ils viennent se caler sur nos genoux, peuvent dormir des heures, se mettent en boule, c'est reposant et inspirant… »

Sandrine Arcizet

« J'ai beaucoup étudié les philosophes et les chats. La sagesse des chats est infiniment supérieure. »

Hippolyte Taine

« Les chats sont des êtres mystérieux, nous ne sommes pas conscients de tout ce qui leur traverse l'esprit. »

Walter Scott

« Les chats sont le passé et l'avenir. Ils sont le passé par ce qu'ils représentaient de vénération pour les Égyptiens, et de peur pour le Moyen Âge européen. Ils sont l'avenir, car ils ont compris des choses que nous n'avons pas encore comprises. »

Anouk Aimée

« Même le chat le plus stupide semble en savoir plus long que n'importe quel chien. »

Eleanor Clark

« Et quand je vois passer un chat, je dis : "Il en sait long sur l'homme." »

Jules Supervielle

« Mes relations avec mes chats m'ont sauvé d'une ignorance mortelle et omniprésente. »

William S. Burroughs

« J'ai adopté un chat de gouttière.
Il ne lui reste que cinq vies. »

Buzz Nutley

« J'ai un chat, mais je lui donne n'importe quoi à manger. La preuve : il ne lui reste que trois vies. »

Joe Hickman

« Un chat possède neuf vies.
Pendant les trois premières, il joue ;
pendant les trois suivantes, il voyage ;
pendant les trois dernières,
il reste à la maison. »

Proverbe anglais

« Les chats ne s'occupent que de leurs propres affaires. Ils vivent dans l'instant, réagissent à ce qu'il se passe sur le moment même, sans le moindre souci des événements à venir. »

Kwong Kuen Shan

« Je suis le Chat qui s'en va tout seul et tous les lieux se valent pour moi. »

Rudyard Kipling

« Les chats sont incompris parce qu'ils dédaignent de s'expliquer ; ils ne sont énigmatiques que pour ceux qui ignorent le pouvoir expressif du silence. »

Paul Morand

« Le chat est d'une honnêteté absolue. Les êtres humains cachent, pour une raison ou une autre, leurs sentiments. Les chats, non. »

Ernest Hemingway

« J'ai rencontré beaucoup de gens irresponsables dans ma vie, mais jamais un chat irresponsable. »

Rita Mae Brown

« L'homme est civilisé dans la mesure où il comprend le chat. »

George Bernard Shaw

« Moi, chat, je suis complètement moi, toujours, totalement. Dans chacun de mes gestes, chacune de mes respirations. Tout mon être s'accorde : pattes, oreilles, fourrure, moustaches, griffes... Chaqueparcelle de mon être participe à ce tout harmonieux et complet. Je suis un être entier. »

Anne-Solange Tardy

« Si vous avez déjà douté que votre compagnon félin ait sa propre vie intérieure, observez-le bien quand il tombe endormi et perd le contrôle de son être physique. [...] Les chats peuvent vraiment être en état de pleine conscience. »

David Michie

« Mes chats ont droit à tous les compliments. C'est une si jolie présence. Je les considère comme un modèle pour rester zen. »

Virginie Lemoine

« Si vous voulez vraiment en savoir plus sur la vie, prenez un chat. [...] Parce que le monde est à lui. »

James Cromwell

« L'homme se rêve poisson ou oiseau
le serpent voudrait avoir des ailes
le chien est un lion sans orientation
l'ingénieur désire être poète
la mouche étudie pour devenir hirondelle
le poète médite comment imiter la mouche
mais le chat
lui
ne veut qu'être chat
tout chat est chat
de la moustache à la queue. »

Pablo Neruda

« Le chat signe chacune de ses pensées avec sa queue. »

Ramón Gómez de la Serna

« Difficile de définir le rôle du chat dans notre vie... Peut-être faiseur de bonheur ? »

Laetita Barlerin

« Puisque nous ne sommes dotés que d'une vie, pourquoi ne pas la passer avec un chat ? »

Robert Stearns

Remerciements

Nos remerciements à toutes les personnes qui ont répondu avec enthousiasme aux questions de la revue miaou, dont certaines citations sont tirées, et bien évidemment, merci à tous les chats de nos vies qui nous inspirent sans cesse.

.es amoureux des chats
le bonheur !

Dans chaque numéro :

- Un grand dossier autour de la « culture chat »
- Des conseils bien-être pour vous et votre chat
- Des interviews inédites
- De très belles photos et illustrations
- Des fiches « Bien dans mes poils » à collectionner
- De nombreux petits plaisirs papier

ABONNEZ-VOUS EN LIGNE !

Profitez de **-10 % sur prismashop.fr**
avec le code **"ABOMIAOU"** à saisir dans Clé Prismashop

#miaoularevue

Crédits iconographiques
Motifs plumes en couverture et à l'intérieur : © Shutterstock, peace_art
Chat à lunettes en couverture et p. 5 : © Shutterstock, Ksusha Dusmikeeva
Toutes les illustrations de l'intérieur : © Shutterstock, MaKars
Chats p. 190-191 : © Shutterstock, Denis Sazhin-Iconka